AF357899

VENTE du VENDREDI 16 FÉVRIER 1900

Hôtel Drouot, Salle n° 10, à 2 heures

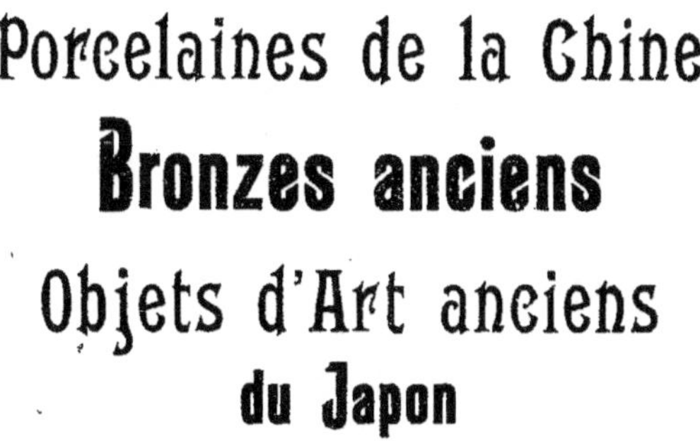

Porcelaines de la Chine
Bronzes anciens
Objets d'Art anciens
du Japon

Laques, Faïences,
Grès, Peintures, Bois sculptés,
etc.

EXPOSITION PUBLIQUE

Jeudi 15 Février 1900

M. DELESTRE, Commissaire-Priseur
5, rue Saint-Georges

MM. MANNHEIM, Experts
7, rue Saint-Georges

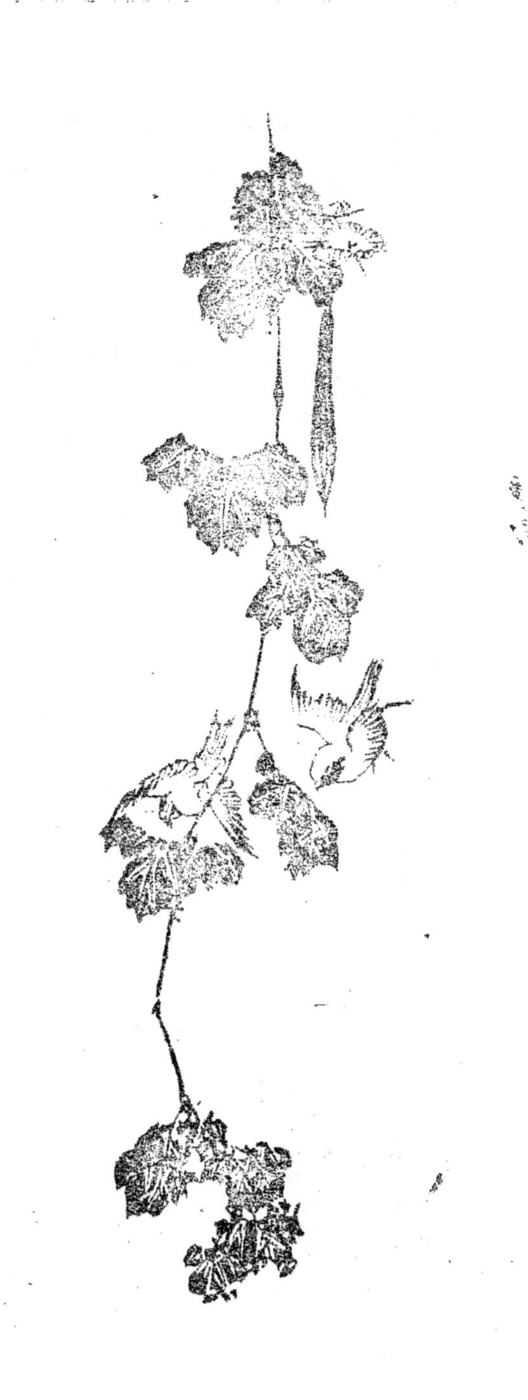

CATALOGUE

des

Objets d'Art anciens

de la

CHINE ET DU JAPON

dont la Vente aura lieu

Hôtel Drouot, Salle n° 10

Le Vendredi 16 Février 1900

à deux heures

COMMISSAIRE-PRISEUR		EXPERTS
M. Maurice DELESTRE		MM. MANNHEIM
5, Rue Saint-Georges		7, Rue Saint-Georges

Exposition Publique le Jeudi 15 Février

de **2** heures à **5** heures 1/2

Conditions de la Vente

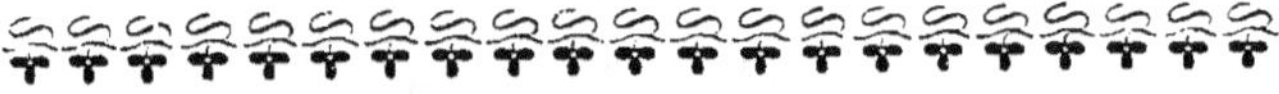

ELLE sera faite au Comptant; les Acquéreurs paieront 5 o/o en sus des Adjudications.

L'Exposition mettant le public à même de se rendre compte de l'état des objets, il ne sera admis aucune réclamation une fois l'adjudication prononcée.

Anciennes
Porcelaines de la Chine

1. — Potiche ovoïde avec couvercle, famille verte, époque des Ming, ornée d'un oiseau.

2. — Potiche ovoïde, décor de fleurs et arbustes, fond clathré rouge de fer, époque des Ming.

3. — Pitong cylindrique, décor bleu avec inscription, époque des Ming.

4. — Vase balustre quadrilatéral à décor de dragons et rinceaux, époque des Ming.

5. — Vase rouleau, famille verte, décoré d'un paysage et d'une inscription, haut., 0^m45.

6. — Vase lancelle, famille verte, décoré de personnages, haut., 0^m45.

7. — Pot ovoïde avec couvercle, famille verte, décoré d'ustensiles et fleurs avec bandes quadrillées.

8. — Paire de Chiens de Fô émaillés jaune et manganèse, base quadrillée et décorée de fleurs de pêcher, socles en bois, haut., 0^m33.

9. — Deux chiens de Fô émaillés vert, jaune et manganèse, haut., 0^m18.

10. — Vase quadrilatéral à col évasé, famille verte, décoré de compartiments à personnages, hauteur, 0^m47.

11. — Petite bouteille cylindrique décorée de dragons en blanc sur fond bleu.

12. — Pot ovoïde avec couvercle, décoré de fleurs de pêcher en blanc sur fond caillouté bleu.

13. — Très petite table hexagone, émaillée sur biscuit à décor de dragons.

14. — Petite coupe libatoire, émaillée sur biscuit à décor d'animaux en relief, pied en bois.

15. — Groupe de personnages grotesques dits *hô-hô*, porcelaine flambée.

16. — Vase, famille verte, à décor de rinceaux et fleurs sur fond jaune-clair, anses mascarons.

17. — Bouteille, famille verte, décorée de fleurs, petit déversoir sur l'épaulement.

18. — Jardinière cylindrique à anses, famille verte, décorée de fleurs, oiseaux et poissons.

19. — Plat creux, famille verte, sujet tiré de la mythologie chinoise, époque des Ming, diamètre, 0^m42.

20. — Plat creux, famille verte, réception chez l'Empereur, marli quadrillé à réserves, époque des Ming, diamètre, 0^m42.

21. — Plat rond, poterie : danseur.

22. — Plat creux, famille verte, à décor à réserves de fleurs sur fond bleu fouetté.

23. — Plat creux, dragons sur fond jaune.

24. — Paire de vases à panse cylindro-conique, famille rose, les huit Immortels, haut., 0ᵐ43.

25. — Vase cylindro-conique, famille rose, décoré de personnages et caractères d'écriture, haut., 0ᵐ42.

26. — Vase à nervures saillantes, ancien céladon vert décoré de branches fleuries en émaux de la famille rose, époque Kien-Long.

27. — Bouteille à panse quadrilatérale et anses mascarons, époque Kien-Long, inscriptions et nuages sur fond céladon vert.

28. — Ornement de pagode orné d'une figurine, famille rose.

29. — Brûle-parfums hexagone, famille rose, à décor de rinceaux, époque Kien-Long.

30. — Vase à eau avec poignée, décoré de plantes et caractères d'écriture sur fond jaune.

31. — Grand vase, forme gourde, émail rouge uni.

32. — Vasque sur trois pieds, émail brun rouge uni à paillettes à reflets, pied bois de fer, diamètre, 0ᵐ25.

Jades

33. — Coupe en jade blanc tacheté de rouille, à décor de dragons en relief, pied en bois.

34. — Vase balustre plat avec couvercle en jade blanc jaunâtre, décor de rinceaux et fleurs en relief, pied en bois, haut., 0ᵐ24.

35. — Vase balustre plat avec couvercle en jade vert olive décoré de chrysanthèmes en relief, pied en bois, haut., 0m23.

36. — Jade blanc, vase à anse.

37. — Vase décoré de chimères en relief, jade gris.

38. — Petite coupe et applique ajourée.

39. — Petite coupe, jade blanc, décorée d'animaux en relief et une petite applique ajourée.

40. — Vase, jade blanc, forme bambou, décoré d'animaux en relief.

Cloisonnés

41. — Jardinière en ancien émail cloisonné, à décor de fleurs sur fond bleu, pieds et anses en bronze, époque Ming.

42. — Boîte ronde, émail cloisonné de la Chine, fond bleu, époque Ming.

43. — Encrier carré, émail cloisonné, décoré de fleurs sur fond bleu, époque Ming.

44. — Tube, émail cloisonné ancien du Japon, décoré de rinceaux ; le couvercle et l'intérieur sont également émaillés.

Cuivres Arabes

45. — Bassin en cuivre gravé et incrusté d'argent, à
décor de personnages et inscriptions, travail de
Mossoul du xive siècle.

46. — Bassin en cuivre gravé, décoré d'inscriptions et
arabesques, travail arabe du xvie siècle.

Bronzes

47. — Cloche en bronze à poignée en forme d'animal,
avec inscriptions en caractères Thcouan, très ancienne pièce.

48. — Écritoire en forme de tortue, en cuivre repoussé,
dynastie des Song, xe siècle, belle patine.

49. — Vase à sacrifice, couvercle et déversoir, ancien
bronze de la Chine, pied en bois.

50. — Grand vase décoré de motifs irréguliers et de
nervures, époque des Song, xe siècle, haut., om45.

51. — Groupe de chiens de Fô formant brûle-parfums,
époque des Ming, socle en bois incrusté argent,
haut, om3o.

52. — Vase à sacrifice en forme d'oiseau, pièce
archaïque, pied en bois.

53. — Bouteille en bronze incrusté d'argent, à décor d'oiseaux et d'arbustes, ancien travail chinois, époque Ming.

54. — Fong-Hoang supportant un petit vase, ancien bronze chinois incrusté d'argent, époque Ming.

55. — Vase-balustre quadrilatéral incrusté d'or et d'argent, anses chimères, époque des Song, xe siècle, socle en bois.

56. — Vase-balustre quadrilatéral tacheté d'or, hauteur, 0^m17.

57. — Bouteille à pans, ornée de cavaliers et dragons en relief, col muni de deux tubulures gravées, pied en bois, haut., 0^m20.

58. — Brûle-parfums tripode orné d'un éléphant, anses dorées, incrustations de verroterie.

59. — Petit porte-fleurs à triple tubulure, incrusté d'argent et d'or, pied en bois incrusté d'argent.

60. — Vase simulant deux vases accolés, à décor d'oiseaux en relief.

61. — Brûle-parfums en forme de sphère, à couvercle repercé, époque Song.

62. — Encrier hémisphérique en bronze vert.

63. — Encrier en forme de pyramide en bronze vert, décoré d'inscriptions, socle en bois.

64. — Coupe ronde à décor de dragons en léger relief.

65. — Jardinière porte-lumière de forme oblongue, en cuivre doré et pierres de couleur, travail chinois du xviiie siècle.

66. — Vase à fleurs, bronze japonais, xviiie siècle.

67. — Chien de Fô, brûle-parfums, xve siècle.

68. — Deux poissons accouplés, xixe siècle.

69. — Oiseau sur une patte, bronze japonais du xviie se.

70. — Oiseau, brûle-parfums, xvie et xviie siècles.

71. — Chimère, brûle-parfums, xvie et xviie siècles.

72. — Vase à fleurs à col évasé, xviie siècle.

73. — Oiseau, brûle-parfums, xixe siècle.

74. — Bouteille à col effilé, xviiie siècle.

75. — Oiseau perché sur une branche, brûle-parfums
du xviie siècle.

76. — Canard émaillé, xixe siècle.

77. — Vase en forme de panier en vannerie, xviie siècle.

78. — Jardinière, cire perdue du xixe siècle.

79. — Jardinière sur trois pieds, cire perdue du xixe siècle.

80-81. — Tubes à jours, cire perdue du xvie siècle.

82. — Bouteille à deux petites anses, xviie siècle.

83. — Petite jardinière, xviie siècle.

84-85. — Vases, brûle-parfums, xixe siècle.

86. — Théière en fer, xvie siècle.

87. — Petite jardinière en cuivre gravé.

88. — Petite bouteille à eau, forme gourde.

89. — Masque en fer repoussé.

Divinités

90. — Petite divinité à nombreux bras en bronzé doré,
sous un édicule en cuivre doré incrusté de turquoises, ancien travail du Thibet (vente Soltikoff).

91. — Divinité à neuf paires de bras assise sur un lotus,
ancien bronze doré du Thibet.

92. — Deux Bouddhas assis, bronze doré du Thibet,
partiellement émaillé (vente Soltikoff).

Autre très petite figurine de Bouddha assis, en
bronze doré.

Autre petite divinité debout, en bronze noir incrusté
de turquoises.

Laques Anciens du Japon

93. — Selle en laque d'or et deux étriers en fer laqué,
décorés d'un oiseau qui étend ses ailes, travail
du xviie siècle.

94. — Grande boîte à papiers, fond noir, décorée par
Shousho d'une branche de pin, laque frotté du
xviiie siècle.

95. — Boîte à gâteaux à quatre compartiments, décorée
de grandes plantes sur fond aventurine, travail
du xviie siècle.

96. — Boîte à écrire, décorée d'un rouleau sur fond aventurine, xviie siècle.

97. — Boîte à écrire en laque noir, décorée d'un éventail en laque d'argent du xviiie siècle.

98. — Boîte à écrire en laque noir, décorée de branches de pins en or et nacre xviie siècle.

99. — Boîte à écrire ancienne, pièce décorée d'un pin et de cigognes, xvie siècle.

100-101. — Deux coupes en laque rouge, décorées en laque d'or, xviiie siècle.

102. — Boîte rectangulaire à fond or, décorée de fleurs et animaux en nacre et plomb, Korin, xviie siècle.

103. — Boîte rectangulaire, laque noir, décorée d'une branche de prunier à fleurs rouges, xviiie siècle.

104. — Petite boîte à parfums, laque noir, décorée de papillons or, xviie siècle.

105. — Boîte à parfums cylindrique, décorée de feuillages, l'intérieur est laqué d'or, xviie siècle.

106. — Boîte à parfums, forme tonneau, décorée de chimères en laque d'or, xvie siècle.

107-108. — Petite coupe en bois, décorée de feuillages et clous d'argent.

Petit encrier en bois sculpté, xviie siècle.

109. — Inro, bois sculpté, représentant une mouche.

110. — Inro laque d'or, décoré de chevaux.

111. — Inro laque d'or, décoré du Fuji dans les nuages.

112. — Inro laque noir, décoré d'une forêt de pins.

113. — Inro laque noir, décoré de feuillages or et nacre.

114. — Inro laqué noir, décoré de deux lapins.

115. — Inro laque rouge, décoré d'oiseaux en laque noir.

116. — Inro laque noir, décoré d'une branche de pommier en fleurs, xvııe siècle.

117. — Petit inro laque noir.

118. — Petite boîte décorée d'ornements en laque d'or sur fond rouge.

119. — Boîte en laque noir, à six pans, décorée d'armoiries.

120. — Boîte à quatre cases, à six pans, décorée de fleurs rouges.

121. — Boîte carrée, décorée d'une barque au milieu des flots, xvııe siècle.

122. — Boîte carrée, décorée d'une branche de pommier devant la lune, Korin, xvııe siècle.

123. — Boîte rectangulaire, bois naturel verni, décorée de fleurs en plomb et nacre, xvıııe siècle.

124. — Petite divinité en bois sculpté et doré, pièce très fine du xvıııe siècle.

125. — Bouddha assis, bois sculpté et laqué, xvııe siècle.

126-127. — Deux gardiens de temple en bois sculpté, du xvııe siècle.

128-129. — Deux poupées, par Koémon, enfants accroupis, en pâte laquée.

130. — Pêcheur, par Koémon, pâte laquée.

131-132. — Deux poupées, un prince et une princesse avec leurs habits de cour, pièces anciennes du xviiie siècle.

Porcelaine de Hirato

133. — Canard mandarin en ancienne porcelaine fine de Hirato, l'oiseau dort sur un rocher émaillé rouge, 0^m33 longueur.

134. — Canard mandarin, ancienne porcelaine fine de Hirato, l'animal est debout sur ses pattes, brûle-parfums de 0^m25 longueur.

135. — Oie accroupie, brûle-parfums, 0^m22 longueur.

136. — Oiseau de proie sur un rocher, quelques taches d'émail bleu, 0^m20 haut.

137. — Petite poule accroupie.

138. — Coq, tête émaillée en rouge.

139. — Coq à queue en panache, émail céladon.

140. — Coq à queue relevée, porcelaine blanche.

Poterie et Étoffes

141. — Bouteille en grès de Karatzou, forme boule, goulot à deux petites anses.

142. — Vase à fleurs, ancienne faïence de Kinkozan.

143. — Bouteille en grès bizen, forme gourde aplatie.

144. — Bouteille à Saké en bizen.

145. — Petite pagode sur un bateau, faïence de Kioto.

146. — Petite pagode sur un bateau.

147. — Vase à eau à coulure, brun.

148. — Buire, faïence de Banko.

149. — Théière en faïence de Kinkozan.

150. — Grande tortue en grès émaillé.

151. — Quatre pièces en faïence : tortue, canard, deux
petites bouteilles.

152. — Vase à eau en grès, à décor d'émail brun.

153. — Applique en ancienne faïence Kioto.

154-155. — Deux panneaux en velours rouge brodé en
soie et métal à dessin d'inscriptions, oiseaux et
palmettes, travail oriental.

156. — Panneau chinois peint sur étoffe à dessin de
personnages.

157. — Plat creux, ancienne faïence de Damas à dessin
de palmettes rayonnantes en bleu-foncé et bleu-
turquoise.

Peintures Anciennes du Japon

158. — Oiseau de proie, ancien dessin du Japon de
l'école des Kano, XVIᵉ siècle, encadré.

159. — Peinture de l'école de Kano, paysage dans la brume, XVIe siècle.

160. — Peinture de l'école de Kano, paysage.

161. — Estampe de Kiyonaga, tirage ancien, encadré.

162. — Estampe de Torii Kiyomitzu, encadré.

163. — Meuble-étagère en bois foncé, les portes sont incrustées d'ivoire, largeur 1 mètre, hauteur 0^m80.

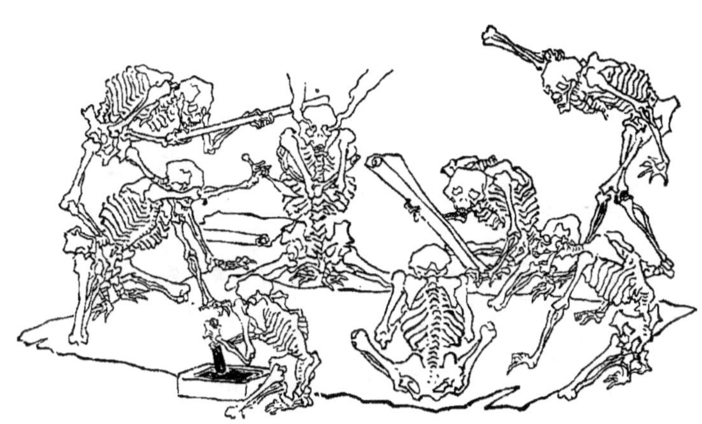

www.ingramcontent.com/pod-product-compliance
Lightning Source LLC
LaVergne TN
LVHW011022180726
843502LV00007B/2697